**DEBUT D'UNE SERIE DE DOCUMENTS
EN COULEUR**

Georges MOUSSAT

A Bon Chat
Bon Rat !

Comédie en 1 acte, en prose

Jouée pour la première fois dans les Salons de la Lyre Algérienne,
le 29 février 1896

Prix : **0,50** centimes

ALGER
IMPRIMERIE CHARLES ZAMITH & Cie
Rues de la Casbah, 7 et Charles-Quint, 5

1896

DU MÊME AUTEUR

Gretchen, opéra-comique en 1 acte, en collaboration avec A. Rémy. (Le Havre, 1880.)

Entre l'Arbre et l'Écorce, comédie en 1 acte, en vers. Soissons, 1880. — Alger, 1886.

Molière et Corneille, à-propos en vers. Alger, 1887.)

Pendant l'Orage, comédie en 1 acte, en vers. (Paris, 1887.)

L'Angora, vaudeville en 1 acte. (Paris, 1888.)

Alger sens dessus dessous, revue en 2 actes, en collaboration avec J. Provost. (Alger, 1896.)

Pour l'Enfant, comédie en 1 acte, en vers. (Alger, 1896.)

EN PRÉPARATION

Les Fiançailles de Pipa, vaudeville bouffe, en collaboration avec J. Provos

Bacchus, ballet mythologique en 3 tableaux.

POUR PARAÎTRE PROCHAINEMENT

MISCELLANÉES
Poésies et Chansons. (Un fort vol.)

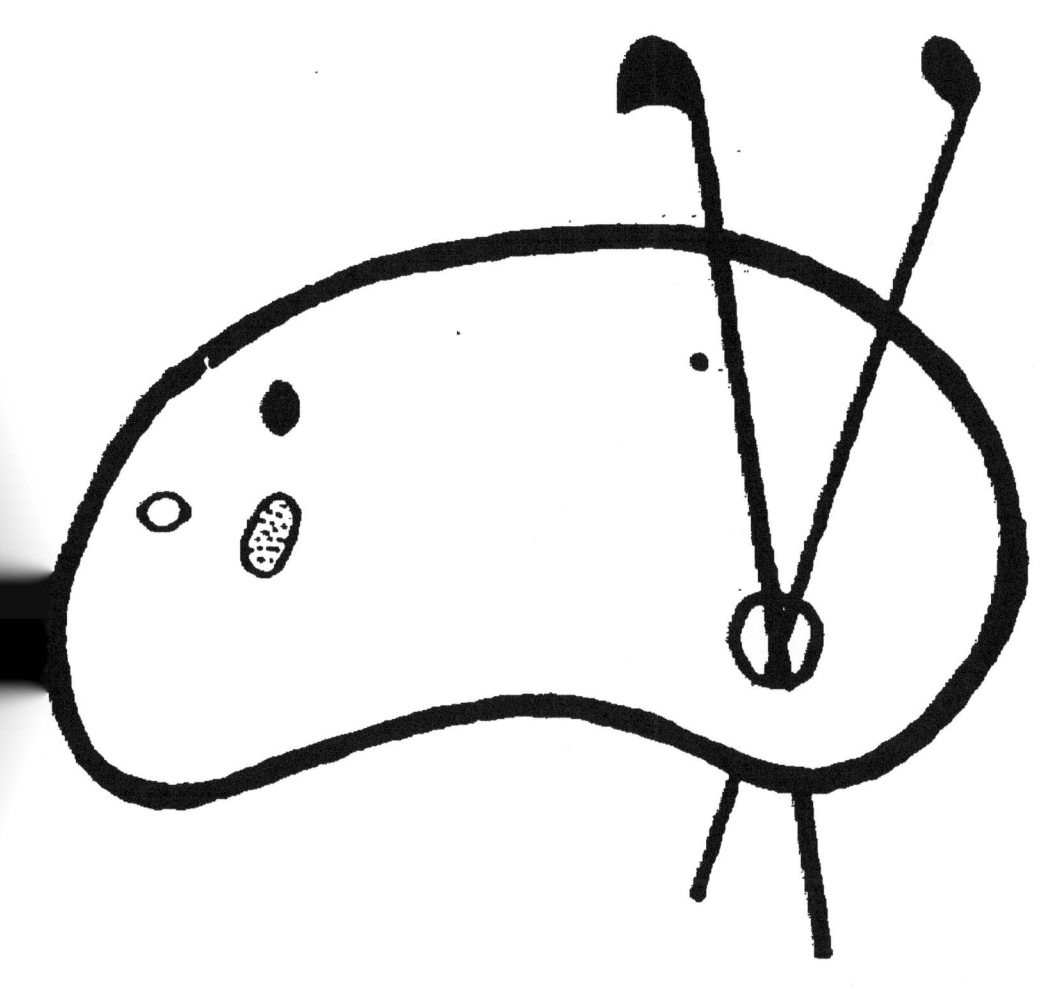

FIN D'UNE SERIE DE DOCUMENTS
EN COULEUR

A BON CHAT, BON RAT!

COMÉDIE EN 1 ACTE

GEORGES MOUSSAT

A Bon Chat
Bon Rat !

Comédie en 1 acte, en prose

*Jouée pour la première fois dans les Salons de la Lyre Algérienne,
le 29 février 1896*

ALGER
IMPRIMERIE CHARLES ZAMITH & Cie
Rues de la Casbah, 4 et Charles-Quint, 5

1896

PERSONNAGES

GUSTAVE, propriétaire rural.... MM. CHELPI.
GEORGES, substitut............ HARLIN.
JEAN, domestique de Gustave.. BAYADA.
GERMAINE, femme de Gustave.. Mlle HAUCHARD.

La scène se passe en province, de nos jours.

A BON CHAT, BON RAT !

COMÉDIE

Décor : un salon, porte au fond, fenêtre à droite, cabinet à gauche, un piano, une malle ouverte.

SCÈNE PREMIÈRE

GUSTAVE, GERMAINE

GUSTAVE

Ainsi, tu n'as rien oublié... chemises, mouchoirs, chaussettes, tout y est... l'habit noir réglementaire... gants blancs... tout ce qu'il faut pour être reçu par le ministre... C'est parfait ! et comme je suis content d'avoir épousé une bonne petite femme comme toi'
(Il l'embrasse.)

GERMAINE

Et ton pardessus que j'allais laisser de côté... C'est que tu aurais froid, pauvre chéri, dans ce grand Paris plein de neige et de brouillard... Je cours le chercher...
(Elle sort.)

SCÈNE II

GUSTAVE, *seul*

C'est superbe !... une idée à moi... tous les trois mois, un ami, employé au ministère, m'envoie une lettre de Paris sur papier spécial, m'informant que le ministre me demande, comme président du syndicat agricole de Potinville... Je lâche Germaine, et je file sur Paris où, pendant trois jours, je conjugue le verbe « aimer » avec Clara... une gommeuse qui serait exquise, si elle n'avait pas les mains rouges... C'est une ancienne charcutière qui n'a pas réussi dans ses affaires... Oui... elle a une indigestion de boudin et de jambonneau... elle a quitté le commerce du cochon pour le temple de Vénus... et alors, quatre fois par an, elle m'octroie ses faveurs... Chut !.. j'entends mon épouse !...

SCÈNE III

GUSTAVE, GERMAINE,

GERMAINE

Voici ton paletot, mon ami.
(*Elle place le vêtement dans la malle*).

GUSTAVE

Ferme la malle, et que Jean la mette sur la voiture... il m'accompagnera à la gare... je n'ai pas une minute à perdre...

(*Germaine sonne; entre Jean.*)

SCÈNE IV

GUSTAVE, GERMAINE, JEAN

GERMAINE, *après avoir fermé la malle*

Jean, chargez ce colis, et attendez Monsieur dans la cour.

GUSTAVE

Je vous suis... attelez Diane au phaéton...

(*Jean sort, après avoir placé la malle sur son épaule.*)

SCÈNE V

GUSTAVE, GERMAINE

GUSTAVE

Allons, poupoule, un baiser... et. tu sais, j'ai hâte de revenir... si tu savais ce que cela m'ennuie, ces voyages trimestriels... mais le devoir avant tout... le Conseil général a l'œil sur moi, et l'agriculture met en moi ses espérances... (*Il l'embrasse*). Au revoir !...

GERMAINE, *même jeu, le reconduisant à la porte du fond*

Bon voyage, et ne t'enrhume pas !... Couvre-toi bien...

> (*Elle envoie un baiser et revient sur le devant de la scène*).

SCÈNE VI

GERMAINE, *seule*

Et Monsieur se figure que, depuis 18 mois que cela dure, je suis sa dupe ?... Il s'imagine que j'avale son histoire de ministre et d'agriculture ?... L'ingrat !... il me trompe... A son dernier voyage, j'ai trouvé des cheveux rouges dans sa flanelle... Je les ai mis en sûreté dans un petit coffret... comme pièces à conviction... Oh ! une rousse !... Mais j'en ai assez, et ma foi, à bon chat, bon rat !... puisqu'il ne respecte pas les promesses sacrées du mariage, puisqu'il croit que je suis une petite pensionnaire de province, naïve et bébête, puisqu'il donne dans le contrat des coups de canif... rutilants... je serais bien stupide de n'en pas faire autant !... Justement, le jeune substitut d'en face m'a fait la cour au dernier bal du général... il ne quitte pas sa fenêtre depuis cette rencontre... l'heure est venue d'appliquer la peine du talion... Œil pour œil, dent pour dent !... Voyons... écrivons...

> (*Elle s'assied et écrit, en pesant bien chaque mot avec une certaine hésitation.*)

« Monsieur,

» Vous m'avez dit un jour que je mettrais le com-
» ble à vos vœux en vous accordant un moment
» d'entretien... J'ai pitié de votre persévérance... et je
» veux bien vous écouter... Venez donc... votre visite
» sera la bienvenue... »

C'est cela !... je ne suis pas trop compromise...
c'est un message, ni chair, ni poisson... qui n'en dit
pas trop pour nuire à ma réputation... mais qui en
dit assez pour qu'un amoureux comprenne à demi-
mot... Et maintenant, employons, pour faire parvenir
ce pli à son adresse, un système qu'on m'a appris au
couvent des Oiseaux... *(Elle retire une bobêche du
piano et l'enveloppe dans le billet.)* Cette bobêche en
guise de pierre... et voilà !... *(Elle ouvre la fenêtre.)*
Personne dans la rue... une !... deux !... et trois...
(Elle jette le billet.) C'est fait !... *(Elle observe, jeu
de scène.)* Bravo !... il a vu le manège !... il a
compris... Ah !... le voici dans la rue... il ramasse ma
missive... Advienne que pourra !... Monsieur peut
aller voir son ministre... moi, je verrai mon magistrat... Un substitut, ça n'est déjà pas si mal, et ça ne
vous parle pas tout le temps d'engrais, de betteraves
et de fumier, comme un agriculteur... *(On frappe au
fond).* Tiens ! c'est drôle... à présent, j'ai peur...
comme si j'allais commettre une mauvaise action...
Ce que c'est de ne pas en avoir l'habitude !... La
vengeance et la jalousie sont mauvaises conseil-
lères... oh ! j'ai peur... j'ai peur... *(On frappe de
nouveau.)* Je ne peux pourtant plus reculer... ce

serait parfaitement ridicule !... et pourtant, si Gustave était innocent ?... si son ministre était réel ?... Allons ! allons ! je suis trop faible en vérité, et l'indulgence pour ceux qu'on connaît est plus facile à accorder que la pitié pour ceux qu'on ne connaît pas !... (*On frappe avec force.*) Entrez !...

SCÈNE VII

GERMAINE. GEORGES

GEORGES, *visiblement embarrassé et posant son chapeau haut-de-forme sur une table.*

Ce billet, Madame ??... je ne me trompe pas, et vous voulez bien, enfin, mettre un terme aux cruelles souffrances que j'endure depuis ce bal où j'ai eu le plaisir de valser avec vous... Ah ! Madame, cette valse... est le plus beau jour de ma vie... je ne l'oublierai jamais... Votre taille de guêtre... de guêpe, pardon !... la passion me rend fou... votre taille, dis-je, que je tenais dans mes doigts, souple et bien cambrée... vos yeux mi-clos qui s'ouvraient par nstants comme des étoiles d'or dans le tourbillon de la danse... Ah ! Madame, je ne pouvais plus vivre en songeant à toutes ces impressions !...

GERMAINE

Savez-vous que c'est une déclaration en règle que vous me faites là, et que, si je disais un mot, je pourrais, grâce à ma puissance, vous faire abandonner votre existence de garçon !...

GEORGES

Oh ! la cuisine des restaurants est si mauvaise !...

GERMAINE

Vous invoquez là un motif bien prosaïque...

GEORGES

Je voudrais, Madame, que vous fussiez la Bastille pour avoir la joie de vous prendre d'assaut...

GERMAINE

Oh ! Monsieur, c'est aller bien vite en besogne, et je ne suppose pas qu'un galant homme, comme vous semblez l'être, veuille prendre d'assaut une pauvre forteresse, quand cette forteresse n'a pas de défenseur et permet à l'assaillant de s'approcher sans danger !

GEORGES

C'est vrai... j'ai tort... Mais aussi, pourquoi m'avoir envoyé ce billet ?... N'était-ce pas me donner le droit d'affirmer mon amour ? N'était-ce pas une invitation directe ? N'avais-je pas, en somme, toutes les raisons de croire que la ville assiégée mettait bas les armes, et capitulait de bonne volonté ?...

GERMAINE

Je vous ai dit que je consentais à vous écouter...

vous pouvez sans doute livrer bataille... mais vous ai-je jamais promis que vous remporteriez la victoire ?

GEORGES

Enfin, Madame, pourquoi m'avez-vous appelé ?

GERMAINE

Hé ! le sais-je, moi ?... Il y a, dans la vie, de ces moments bizarres où le cœur de la femme, pris entre la jalousie et l'amour, entre la crainte et la colère, ignore ce qu'il fait... j'ai obéi à un de ces courants qui peuvent excuser une aberration, une folie passagère, mais qu'il est moins difficile de provoquer, que d'expliquer une fois qu'on les a suscités...

GEORGES

Si vous m'avez fait venir auprès de vous, cependant, c'est que vous sentiez un vide dans votre existence... c'est que, délaissée probablement par un mari qui n'apprécie pas son trésor, vous aviez besoin d'une âme sœur de la vôtre pour épancher vos secrets, vos aspirations, vos regrets, votre amour même...

GERMAINE

Hé ! bien ! oui, oui... j'ai besoin de dépeindre ce que je ressens. J'ai besoin d'une affection vraie, sincère, évidente... et, faut-il le dire, je me demande, en curieuse que je suis comme toutes les filles d'Eve, si les maris comprennent bien tout ce que contient le cœur des femmes ?...

GEORGES

Vous voyez bien... je serai votre... confesseur.

GERMAINE

Vous savez que j'exige le secret de la confession...

GEORGES

Je serai muet, Madame, muet comme les carpes de Fontainebleau, muet comme le sphinx des pyramides d'Egypte !...

GERMAINE

Alors... asseyez-vous, et écoutez-moi... (*Ils s'assoient*). Vous prétendez m'aimer ?...

GEORGES

Comme la mousse aime la pierre, comme la lèvre aime le baiser !...

GERMAINE

Parfait !... vous vous jetteriez à l'eau pour moi ?...

GEORGES

Je ne sais pas nager !...

GERMAINE

Le beau dévouement, si vous flottiez comme une ceinture de liège !...

GEORGES

Mettons que je me jetterais à l'eau !...

GERMAINE

Vous n'êtes pas très affirmatif ?...

GEORGES

Dame ! Je suis jeune et je tiens à la vie...

GERMAINE

Oui... on chante ça dans la *Juive*, ce qui n'empêche pas Rachel de mourir sur un bûcher...

GEORGES

Ça se passe ainsi dans les opéras, mais dans la vie réelle...

GERMAINE, *se levant*

Alors vous ne m'aimez pas !...

GEORGES, *même jeu*

Mais si... beaucoup ! beaucoup ! pas au point, cependant, de me précipiter d'un cinquième étage sur le trottoir... vous auriez un amoureux manchot, bossu, bancal, défiguré, et qui ferait triste mine à vos yeux...

GERMAINE

Trêve de plaisanterie !... Puisque vous m'aimez... je vais prendre quelques bibelots, et vous allez m'enlever...

GEORGES

Y songez-vous ? mais que dirait-on à Potinville ?...

Le commerce, la magistrature, le barreau... Ce serait un scandale !...

GERMAINE

Voyez : vous ne trouvez même pas dans votre amour pour moi la force de résister aux quolibets d'un tas de provinciaux méchants et bêtes !...

GEORGES

Et mon avenir ?...

GERMAINE

Qu'importe votre avenir en présence de mon amour ?... si je vous aime, moi ; si je consens à devenir votre... — oh ! le mot est difficile à prononcer — votre... maitresse, je m'inquiète peu de la situation... je veux un enivrement continuel d'espérances, de joies... un horizon d'ivresses et de plaisirs...

GEORGES

Oui, comme dans la chanson :

> Une chaumière et ton cœur
> Avec deux sous d' pom' de terre frites !

GERMAINE

Vous plaisantez encore... alors vous ne m'enlevez pas ?... Vous voulez que je me donne à vous, comme cela, tout d'un coup, pour que vous me délaissiez ensuite, comme on lâche un parapluie hors d'usage, ou bien... plutôt... pour m'afficher dans la ville, où le scandale serait bien plus grand que dans le cas d'un enlèvement, mais flatterait davantage votre orgueil, votre fierté, ou votre égoïsme...

GEORGES

Vous vous méprenez...

GERMAINE

Non pas ! Vous autres hommes, quand vous séduisez une femme, vous ne tenez pas à l'adorer dans le silence et la solitude ; comme les vieux grognards de l'armée, vos conquêtes n'ont de valeur que si vous les criez bien haut et les racontez partout...

GEORGES

Eh bien !... soit !... je vous enlève... Mais laissez-moi le temps moral de régler mes affaires, de prétexter un voyage, de trouver une combinaison qui, tout en étant conforme à vos désirs, ne soit pas nuisible à mes intérêts mêmes qui, songez-y, vont devenir aussi les vôtres...

GERMAINE

Et si je vous accorde ce délai que vous me demandez... si je vous concède quelques jours de réflexion, qui me prouve que votre amour, fruit d'un caprice, — éphémère, il est possible, — ne s'effondrera pas subitement, et que le thermomètre, élevé en ce moment jusqu'à la température du Sénégal, ne s'abaissera pas rapidement au niveau des rivières gelées ?...

GEORGES

Essayez toujours... Mais si, dans quelque temps, je me présente à vous pour vous rappeler nos conventions, si je vous dis de quel amour mon cœur est animé pour vous, me suivrez-vous aveuglément, sans hésitation ?...

GERMAINE

Dans quelque temps ? (*A part :*) Et mon mari qui revient dans trois jours !... (*Haut :*) Ecoutez... vous avez presque deviné qu'en vous appelant, j'obéissais à un besoin d'affection, et surtout de vengeance... Vous m'affirmez que votre amour pour moi n'a pas de bornes ?... J'aurais, dans un moment de surexcitation nerveuse, oublié peut-être mes devoirs d'épouse pour me venger d'abord, pour vous connaître ensuite, mais pensez-vous sincèrement que, la réflexion aidant, votre amour et ma vengeance tiennent debout ?... J'ai peur que non... et si tant est que la curiosité, la rage, la coquetterie me poussent à commettre une faute, j'aurais voulu la commettre follement, dans une heure d'abandon, sans réfléchir aux conséquences qui auraient pu en résulter, tandis que... froidement... il me semble que je n'en aurais pas le courage...

GEORGES

Vous voyez bien que j'avais raison de vouloir vous prendre d'assaut !...

(*Bruit au dehors : Germaine va vers la fenêtre, regarde, et revient avec effroi sur le devant de la scène*).

GERMAINE

Quel est ce bruit ?... Ciel ! je n'y songeais plus... le domestique qui rentre !... nous sommes perdus... Oh ! une idée... (*Allant au piano, à Georges:*) Mettez-vous là... pas un mot... vous êtes l'accordeur de piano...

GEORGES, *se laissant conduire*

Mais je ne sais pas distinguer un *la* d'un pain de sucre !...

GERMAINE

Allez toujours... vous frapperez au hasard !...

GEORGES

Je ne suis plus un substitut... je deviens une substitution...

SCÈNE VIII

GEORGES, GERMAINE, JEAN

(*Jean entre sous le coup d'une vive émotion, et s'affaisse sur une chaise.*)

JEAN

Ah ! Madame, Madame...

GERMAINE

Qu'y a-t-il ?

JEAN

En arrivant au chemin de fer, la jument s'est emballée... nous sommes partis à fond de train bien au delà de la gare, et nous avons versé... sur un talus, heureusement... pendant que le train filait à toute vapeur sous nos yeux...

GERMAINE

Et Monsieur ?...

JEAN

Sain et sauf !... plus de peur que de mal, comme moi !... Il est dans la cour et je ne le précède que de quelques minutes seulement... Il m'a prié de prendre les devants pour vous prévenir, car vous auriez pu vous effrayer de voir ses vêtements en lambeaux !...

GERMAINE

Mon mari ici ! C'est bien, Jean, sortez !... je vais congédier l'accordeur, il reviendra plus tard !...

(*Jean sort.*)

SCÈNE IX

GERMAINE, GEORGES

GERMAINE, *à Georges, très émue*

Monsieur, bien que nous soyons innocents, il ne faut pas qu'il vous trouve... Au nom du ciel...cachez-vous... Tenez... dans ce cabinet... Je vous délivrerai dans un moment...

GEORGES

L'action se corse... O amour, voilà bien de tes coups... Quelle situation pour un magistrat !...

(*Elle le pousse dans le cabinet et referme vivement la porte.*)

GERMAINE

Ouf !...

SCÈNE X

GERMAINE, GUSTAVE

(*Gustave entre déguenillé, sale, furieux ; Germaine va au-devant de lui, câline et émue.*)

GERMAINE

Mon pauvre ami, que t'arrive-t-il donc ?

GUSTAVE

Cette imbécile de Diane qui a pris le mors aux dents... Quel contre-temps ! (*A part :*) Et Clara qui va m'attendre au débarcadère de la gare de Lyon !... (*Haut :*) Le train raté... un costume flambé... Oh ! la guigne ! la guigne !... Mais tu as l'air tout chose ?

GERMAINE

Rien... le récit de Jean... j'ai eu peur qu'il te soit

arrivé malheur!... Tu comprends?... l'émotion...

GUSTAVE

Et j'ai perdu mon chapeau dans la bagarre... (*Prenant le chapeau de Georges sur la table :*) Heureusement, voici mon haut-de-forme !

GERMAINE, *très émue*

Justement... je le brossais... pour le remettre dans l'armoire...

GUSTAVE

On dirait qu'il a diminué... (*L'essayant :*) Oh ! Oh ! mais ce chapeau n'est pa-t-à moi, il n'est point-z-à toi, je ne sais pas-t-à qui est-ce ?... (*Observant Germaine :*) Ce trouble ?... cette émotion ?... Je comprends tout... Madame, où est le propriétaire de cette coiffure ?... Expliquez-vous...

GERMAINE

Je ne sais ce que cela veut dire !

(*On entend un grand éternuement dans le cabinet.*)

GUSTAVE

Ce bruit ?... Ah ! j'y suis... Madame reçoit ses amants pendant mon absence... A peine me sent-elle le dos tourné que sa maison devient le temple de l'adultère !... Où est-il, ce gredin ?...

(*Il ouvre la porte du cabinet d'où Georges sort en éternuant.*)

SCÈNE XI

GERMAINE, GUSTAVE, GEORGES

GEORGES

Hé bien ! si vos vêtements se mangent aux vers, ce n'est pas faute d'y mettre du poivre...

GUSTAVE

Monsieur, m'expliquerez-vous votre présence ici, et me rendrez-vous raison de cet outrage à mon honneur ?

GEORGES, *éternuant*

Monsieur, votre honneur n'est pas en jeu, et je crois que mes explications seront suffisantes à vous en convaincre...

GUSTAVE

J'écoute... Et vous, Madame, qui souillez le parquet de la fidélité par la boue de la débauche, je vais vous rendre à votre famille... vous êtes indigne de moi !...

GERMAINE, *elle tire d'un coffret une poignée de cheveux qu'elle met sous les yeux de Gustave*

Avant d'insulter votre femme, me direz-vous, Monsieur, comment vous appelez cet objet ?

GUSTAVE, *à part*

Diable... des cheveux rouges... le front de Clara ?... (*Haut :*) Ça, c'est un échantillon de crin végétal que le ministre de l'Agriculture m'a remis pour l'examiner !

GERMAINE

C'est pour le voir de plus près que vous l'aviez placé dans votre flanelle !... Je sais tout, Monsieur ; taisez-vous et écoutez-moi... D'abord, laissez sortir Monsieur... il est absolument innocent de tout ce qui se passe et j'en assume seule l'entière responsabilité... (*A Georges :*) Monsieur, vous êtes libre, et j'espère que vous oublierez, comme un confesseur muet — vous me l'avez promis — un moment d'erreur excusable chez une femme.

GEORGES

Madame, je suis un galant homme avant tout... Voici votre autographe... (*Il lui remet le billet qu'elle déchire, puis sort en disant :*) Vraiment, j'aime mieux que cela finisse ainsi... Le diable m'emporte si l'on me repince à faire la cour aux femmes mariées !...

SCÈNE XII

GERMAINE, GUSTAVE

GUSTAVE

Enfin, que signifie ?...

GERMAINE

Monsieur mon époux, cela signifie que tout a une fin, même la patience d'une femme... cela signifie qu'il n'est pas joli d'aller manger le dessert au restaurant quand le rôti est cuit à point chez soi... Vos voyages à Paris, vos réceptions ministérielles ont fini par dessiller mes yeux, et comme il n'est pas naturel que vous me trompiez pendant que moi je reste fidèle à la foi jurée, je m'étais dit : « A bon chat, bon rat ! » et, ma foi, ayant trouvé sur ma route un garçon de bonne tournure, qui semblait m'observer avec intérêt et plaisir, je l'avais fait appeler pour tenter une expérience... Lui... au moins... n'avait pas les cheveux rouges...

GUSTAVE

Et cette expérience ?...

GERMAINE

Tu es arrivé à temps pour qu'elle ne se prolonge pas... Et puis... vois-tu, je crois que j'aurais été trop maladroite, même dans la vengeance !...

GUSTAVE

Alors... pure comédie... et tu me pardonnes !...
(Il l'embrasse au front.)

GERMAINE

Bien volontiers... mais plus de voyages chez le ministre !...

GUSTAVE

Et si je t'emmène ?...

GERMAINE

Alors, tous les ministres que tu voudras, et, au besoin, le Président de la République !...

(*Gustave sonne. Jean paraît.*)

SCÈNE XIII

GERMAINE, GUSTAVE, JEAN

GUSTAVE

Jean, vous servirez à dîner pour deux...

JEAN

Monsieur, la jument a perdu un fer...

GUSTAVE

Mène-la chez le maréchal... ce qui est déferré n'est pas perdu...

GERMAINE

Ce mauvais calembour n'est pas à mon adresse, au moins ?...

GUSTAVE, *lui prenant la main avec effusion*

Enfant, tu vois que les petites causes engendrent parfois de grands effets !...

GERMAINE

Les petites causes ?... Je suis, alors, un bon avocat, puisque j'ai gagné la mienne !...

RIDEAU

ALGER. — IMPRIMERIE CHARLES ZAMITH ET Cie

www.ingramcontent.com/pod-product-compliance
Lightning Source LLC
Chambersburg PA
CBHW060712050426
42451CB00010B/1398